Curso de Divisão Rítmica
Rui Motta

PARA MÚSICOS DE QUALQUER INSTRUMENTO

Volume 1
B Á S I C O

Ensino teórico e prático
da leitura e escrita
da Divisão Rítmica básica

Acompanha CD contendo:
76 trilhas para músicos em geral
22 trilhas para bateristas

Nº Cat.: 364-M

Irmãos Vitale S.A. Indústria e Comércio
www.vitale.com.br
Rua França Pinto, 42 Vila Mariana São Paulo SP
CEP: 04016-000 Tel.: 11 5081-9499 Fax: 11 5574-7388

© Copyright 2003 by Irmãos Vitale S.A. Ind. e Com. - São Paulo - Brasil
Todos os direitos autorais reservados para todos os países. *All rights reserved.*

Dados Internacionais de Catalogação na Publicação (CIP)
Sindicato Nacional dos Editores de Livros, R.J.

Motta, Rui
    Curso de divisão rítmica, volume 1, básico :
ensino teórico e prático da leitura e escrita da
divisão rítmica básica para músicos de
qualquer instrumento
/ Rui Motta. - São Paulo : Irmãos Vitale, 2003
40p. : música ; + CD

    Acompanha CD contendo: 76 trilhas para músicos em geral,
22 trilhas para bateristas
ISBN 85-7407-163-3
ISBN 978-85-7407-163-3

1. Métrica e ritmo musical. 2. Partituras - Leitura e execução.
I. Título.

03-0799

CDD 781.6
CDU 781.6

CRÉDITOS

Produção geral e editoração de partituras
RUI MOTTA

Autoria das trilhas do CD
RUI MOTTA

Revisão musical
RUI MOTTA

Gravação e mixagem do CD
STUDIO ECO SOM

Revisão de texto
MARIA HELENA GUIMARÃES PEREIRA

Capa
MARCIA FIALHO

Foto
MARY AZEVEDO

Gerente de projeto
DENISE BORGES

Produção executiva
FERNANDO VITALE

Índice

Histórico artístico do autor 5
Considerações iniciais 7

PARTE I
    Como ler e escrever as figuras rítmicas 13
        Tabela de valores, figuras e pausas 13
        Fração de compasso 14
        Dividindo e subdividindo os tempos 15
        Andamento (Metrônomo) 16
        Como contar os compassos 17
        Pausas 17
    Leitura rítmica linear 21
        Série A – Semibreve, mínimas e semínimas 21
        Série B – Incluindo colcheias e suas pausas 22
        Série C – Exercícios de dois compassos 25
        Série D – Incluindo as semicolcheias 26
        Série E – Dois compassos com semicolcheias 29
        Série F – Exercícios escritos em quatro compassos 30

PARTE II
    Leitura de viradas 35
        Convenção da escrita 35
        Série A – Viradas em colcheias e semínimas 35
        Idéia musical 36
        Série B – Viradas com grupos variados 37
        Idéia musical 38

Histórico artístico do autor

Nascido em 15 de julho de 1951 na cidade de **Niterói** (Rio de Janeiro), **Rui Motta** - baterista autodidata, compositor e arranjador, sempre teve marcantes atuações em palcos e estúdios do Brasil e exterior.

Em 1972 integrou-se aos **Mutantes** na fase pós - tropicalista com muito sucesso. Neste período foi eleito **"Baterista do Ano"** em duas oportunidades consecutivas pela revista **Rock** e gravou o disco de maior vendagem da banda (**Tudo foi feito pelo sol**) que encerrou suas atividades em 1978 depois de uma temporada de seis meses na Europa.

Após 1978 excursionou como músico de apoio e gravou com **Ney Matogrosso, Marina, Moraes Moreira, Zé Ramalho, Amelinha, Fernando Moura e Sá & Guarabyra**. Também gravou com **João do Valle, Jorge Mautner, Luciano Alves, Sérgio Dias, Wando, Alberto Camerini (Itália)** e outros, totalizando mais de trezentas gravações.

Em 1984 gravou o disco **"Till we have faces"**, do guitarrista inglês **Steve Hackett** (ex- **Genesis**).

Em 1992 lança seu primeiro disco, **"Mundos Paralelos"**, que recebeu amplos elogios da crítica e foi indicado para o **Prêmio Sharp**, motivando-o a formar seu próprio grupo, **Rui Motta & Banda**.

No ano seguinte teve seu primeiro método editado - **Bateria em Todos os Níveis,** que veio a se tornar um livro nacionalmente reconhecido. Para marcar esse lançamento, o músico passa a se apresentar em *workshops* , além de ministrar cursos e oficinas por todo o país.

Seu segundo livro, o **Curso de Bateria**, foi editado em 1997 pela **Irmãos Vitale**, em três volumes com CDs, mantendo desde então um volume recorde de vendas em sua categoria, tratando-se do primeiro curso de bateria editado em livro no Brasil.

O sucesso de sua carreira sensibilizou a **C. Ibañez**, maior fábrica de baquetas do país, a lançar no mesmo ano (1997) um modelo exclusivo com sua assinatura, o **1002 Rui Motta**.

Colocando em prática uma pioneira e bem sucedida idéia de fazer um *workshop* em formato de vídeo, produziu e gravou o **Rui Motta Vídeo-Workshop**, lançado em 1998 pela **RCM,** onde expõe alguns aspectos de suas habilidades técnicas e criatividade.

No ano 2000 gravou e produziu seu segundo CD – **Sinestesia,** com músicas e arranjos próprios, onde mais uma vez deixa a marca de seu talento e competência.

No primeiro trimestre de 2002 a **Irmãos Vitale** finalizou a produção do seu quinto método, o **"Manual do Baterista"**, que, além de todo material didático e mais de mil exercícios práticos, presenteia os bateristas com um magnífico CD encartado com oito músicas instrumentais.

No primeiro trimestre de 2003 lança seu terceiro CD intitulado **"Ilusão Motriz"**.

No Rio de Janeiro Rui Motta mantém o **BTN**, curso individual de bateria , ministrado através de um programa criado, desenvolvido e estruturado pelo músico.

www.ruimotta.net

Considerações Iniciais

Este livro irá iniciá-lo na linguagem rítmica da música, comum a todos os instrumentos, através de 98 exercícios, todos no compasso 4/4, monitorados pelas trilhas do CD.

Os 76 exercícios iniciais, embora escritos para caixa, servem para músicos de qualquer instrumento, desde que faça uma adaptação, como bater com as mãos sobre qualquer superfície sonora (uma mesa por exemplo).

No caso dos bateristas a concentração ficará dividida entre as execuções do exercício e do contra-tempo com o pé, designado a marcar os tempos, fazendo o papel de metrônomo. Nas primeiras tentativas o contra-tempo poderá ser deixado de lado e acionado somente depois que o exercício estiver sendo tocado com alguma naturalidade.

A prática da Leitura Rítmica impulsiona o desenvolvimento do músico com rapidez e propriedade, abrindo horizontes no que diz respeito ao seu crescimento total. O baterista, em particular, deve estar sempre preparado quando o assunto é divisão rítmica, seja para a escrita ou para a leitura.

Para que você obtenha bons resultados no investimento do estudo que se inicia, é preciso entender claramente o que deve ser feito. Tente forçar o entendimento da leitura e procure "decifrar" seu significado rítmico o mais rápido que puder **antes de escutar a trilha**. No entanto, ao tocar com o CD evite ler o exercício, para que também sua **memória musical** se desenvolva.

Sinceramente espero que você alcance os objetivos propostos neste livro.

Para finalizar, acho oportuno acrescentar que a escrita da bateria não leva em consideração a duração do som, portanto os exemplos abaixo são equivalentes:

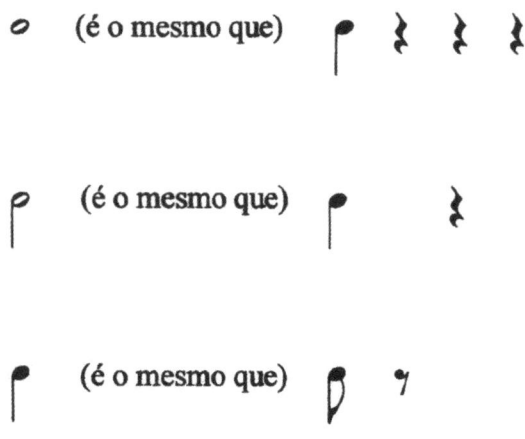

Rui Motta

Dedico este trabalho à Baixinha por tudo que representa para mim.

PARTE I
Como ler e escrever as figuras rítmicas
Leitura rítmica linear

COMO LER E ESCREVER AS FIGURAS RÍTMICAS

Para entender o simples processo que envolve a escrita e a leitura da bateria (ou de qualquer outro instrumento), são necessários apenas dois tópicos:

1- Decorar a Tabela de Valores, Figuras e Pausas
2- Entender o significado da Fração de Compasso

TABELA DE VALORES, FIGURAS E PAUSAS

A tabela abaixo mostra as figuras usadas na escrita musical, incluindo suas respectivas pausas. Os valores mostrados à esquerda serão aplicados para reconhecimento das Unidades de Tempo dos compassos.

VALOR	FIGURA	PAUSA	
1	o (Semibreve)	—	Um traço cheio, abaixo da quarta linha
2	♩ (Mínima)	—	Um traço cheio, acima da terceira linha
4	♩ (Semínima)	𝄽	
8	♪ (Colcheia)	𝄾	
16	♬ (Semicolcheia)	𝄿	
32	(Fusa)		
64	(Semifusa)		

A bateria não é um instrumento tonal. Por este motivo as figuras rítmicas não podem ser chamadas de "notas", pois não possuem altura musical.

Cada figura da tabela tem o dobro do valor da seguinte. Trata-se, portanto, de um sistema fracionário, tendo como ponto de partida a semibreve. Exemplos:

1- Uma semibreve vale duas mínimas ou quatro semínimas, ou oito colcheias etc:

2- Uma semínima vale duas colcheias ou quatro semicolcheias, ou oito fusas, ou ainda 16 semifusas:

3- Uma fusa vale duas semifusas e nada mais:

4- A semifusa não é divisível por ser a última figura do sistema.

FRAÇÃO DE COMPASSO

Tomamos emprestado o termo **"Fração de Compasso"** para definir a relação de unidade e quantidade de tempos existentes num certo compasso. Embora seja um sistema fracionário, nos referimos a essa relação de uma forma específica como, por exemplo, no compasso 4/4 (quatro por quatro) e não "quatro quartos", como é o caso da fração matemática. No entanto, o tempo deste compasso (representado pela semínima) corresponde a **um quarto** da semibreve, que é a figura inicial do sistema. Outro exemplo: temos o tempo de colcheia do compasso 5/8 (cinco por oito) valendo **um oitavo** da semibreve. Tampouco é obrigatório o uso do traço que separa os números de cima do de baixo.

A Fração de Compasso é o que dá sentido ao ritmo. Sem ela o próprio ritmo deixa de existir, pois as figuras isoladas não significam absolutamente nada. Na Fração de Compasso, o **numerador indica a quantidade de tempos dentro de um compasso**. Por sua vez, o **denominador indica a Unidade de Tempo**, isto é, a figura que vai representar (ou valer) **um tempo** do compasso em questão.

No compasso 3/4 (três por quatro), por exemplo, temos o numerador indicando três tempos, e o denominador informa que esses tempos são de semínimas, porque assim está na Tabela (observe o número 4 ao lado da semínima na coluna "Valor"). Portanto, temos um compasso com três tempos de semínimas:

O trecho a seguir mostra quatro compassos 3/4. As barras verticais separando os grupos de três semínimas são as **Barras de Compasso**, usadas na separação dos compassos. O final do trecho é indicado pela **Barra Dupla** (com a barra da direita mais cheia):

Conclusão → A Fração de Compasso configura o ritmo que será executado. Os compassos são formados pelos **Tempos**. Podemos ter compassos de dois, três, quatro ou ainda mais tempos, dependendo do ritmo. Observe os compassos abaixo, todos com tempos de semínimas (mesmo denominador 4):

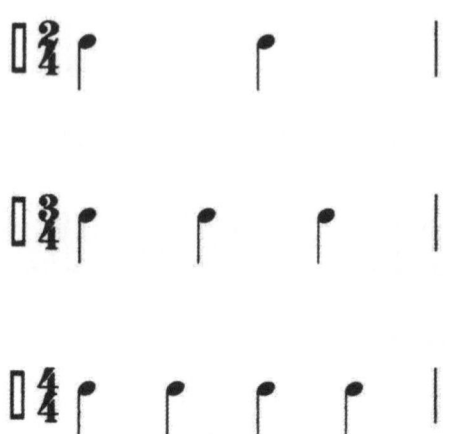

Podemos também ter compassos com mais tempos, representados por outras figuras. Observe o compasso 5/8:

A fração deste compasso indica cinco tempos (numerador) contados (ou escritos) em colcheias, conforme mostra o denominador (ver número oito ao lado da colcheia na coluna "Valor" da tabela).

DIVIDINDO E SUBDIVIDINDO OS TEMPOS

Os tempos de qualquer compasso podem ser divididos e subdivididos em outras figuras que vão originar padrões rítmicos, que exigem cada vez mais destreza do baterista, porque vão se **compactando** dentro dos tempos. Para se ter uma boa idéia, tomamos como exemplo o compasso 4/4 escrito em semínimas:

As colcheias dividem os tempos de semínimas em dois toques regulares, isto é, com o mesmo intervalo de tempo entre elas:

Isso acontece porque sabemos que a semínima vale duas colcheias, pois na Tabela de Valores, Figuras e Pausas a colcheia vem logo depois da semínima (a figura posterior vale metade da anterior). Observe que as colcheias do mesmo tempo foram ligadas, formando grupos de duas figuras, o que facilita a visualização.

Podemos ainda subdividir (já houve uma divisão) os tempos de semínimas em quatro semicolcheias. Exige um pouco mais do baterista, pois terá que compactar os quatro toques de semicolcheias dentro de um tempo. As semicolcheias do mesmo tempo são ligadas por dois traços para facilitar a leitura:

Os tempos de semínimas ainda podem ser subdivididos em oito e 16 figuras regulares, que exigem ainda mais do baterista, pois terá que compactar respectivamente oito fusas (ligadas por três traços) e 16 semifusas (ligadas por quatro traços) dentro de cada tempo:

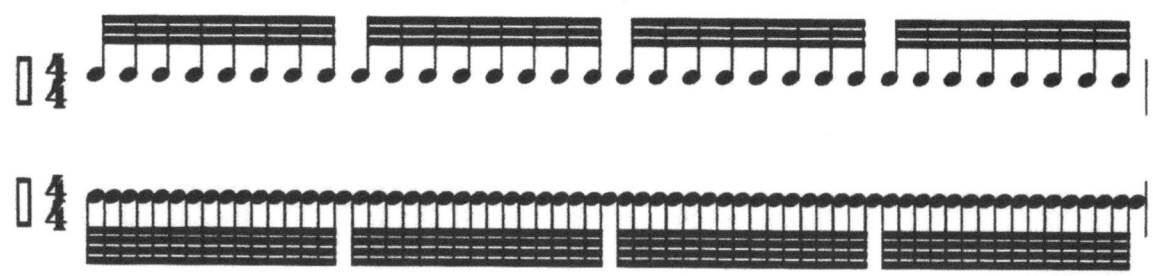

Os tempos de semínimas podem, portanto, ser subdivididos em até 16 figuras regulares. Para que se tenha uma visão mais ampla do assunto, vamos abordar o tempo de colcheia exemplificado através do compasso 5/8 (cinco tempos de colcheias):

A divisão regular desses tempos origina as semicolcheias:

As subdivisões seguintes são as fusas (quatro por tempo) e as semifusas (oito por tempo):

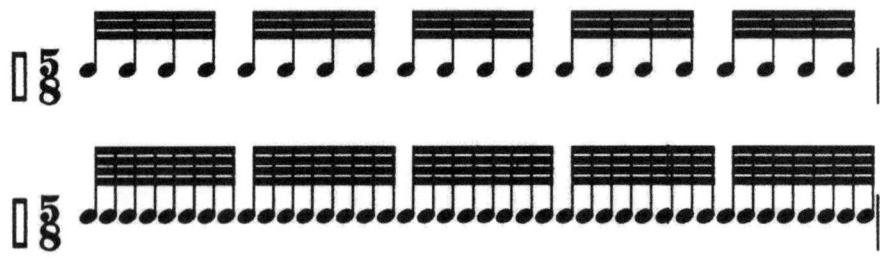

Como vemos, os tempos de colcheias só podem ser subdivididos em até oito figuras regulares.

ANDAMENTO (Metrônomo)

O Andamento é o responsável pela "velocidade" dos tempos. Um ritmo qualquer pode ser tocado em andamento mais rápido ou mais lento, cuja medição é feita através do **Metrônomo**. Exemplos de como se pode indicar os andamentos:

♩ = *100* (indica os tempos de semínimas pulsando a 100 b.p.m. - batidas por minuto).

♩ = *120* (indica os tempos de semínimas pulsando a 120 b.p.m.)

Quando o acionamos numa determinada graduação, **os tempos do compasso devem soar simultaneamente com o som gerado pelo metrônomo**. Escute a trilha 1 do CD:

TRILHA 1 → Quatro compassos de 4/4 tocados em semínima, **na caixa**, em 90 b.p.m. Observe como a caixa soa simultaneamente com o **click** do metrônomo. Os quatro clicks iniciais servem para designar o andamento no qual a trilha deverá ser tocada:

Obs: até a Trilha 11 você não precisa necessariamente tocar. Apenas faça o acompanhamento através da leitura porque são exemplos ilustrativos. A prática simultânea com o CD acontecerá a partir da Trilha 12 e haverá uma indicação no texto.

TRILHA 2 → O mesmo ritmo tocado em 120 b.p.m. :

COMO CONTAR OS COMPASSOS

Você já constatou que os tempos do compasso pulsam regularmente, em intervalo de tempos estritamente iguais. Esses tempos podem ser contados um a um (**contagem de tempos**) ou somente a "cabeça" do compasso, configurando a **contagem de compasso**, mais recomendável porque permite que o músico saiba exatamente qual compasso está tocando. A contagem pode ser feita oral ou mentalmente, a seu critério:

TRILHA 3 → Trilha anterior com **contagem dos tempos** ilustrada através da numeração acima das figuras:

TRILHA 4 → Trilha anterior com **contagem dos compassos** ilustrada através da numeração na cabeça (onde o compasso começa) de cada compasso:

PAUSAS

As Pausas têm o mesmo valor das figuras correspondentes, com ausência de som.

TRILHA 5 → Pausa de semínima no quarto tempo (veja a grafia desta pausa na Tabela de Valores, Figuras e Pausas). **Observe a caixa escrita no terceiro espaço do Pentagrama:**

Quando os compassos forem iguais, adotaremos, daqui por diante, o modelo abaixo, para simplificar a escrita. Veja como fica a grafia da Trilha 5:

O **Sinal de Repetição de Compasso** (parecido com o símbolo de percentagem) com o número 3 acima indica que devemos tocar o compasso, repetindo-o três vezes, totalizando quatro. Quando não acompanhado de número, o sinal de repetição indica somente uma repetição, ou seja, dois compassos.

TRILHA 6 → Pausa de semínima no terceiro tempo:

TRILHA 7 → Pausa de semínima no segundo tempo (1º e 2º compassos) e na cabeça do 3º e 4º compassos:

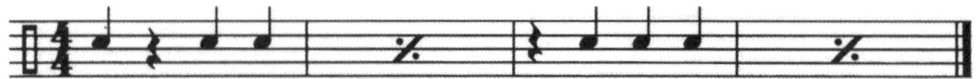

TRILHA 8 → Pausa de semibreve. Trilha de quatro compassos parando na cabeça do quinto. Como a semibreve vale quatro tempos no compasso 4/4, sua pausa (abaixo da quarta linha) também engloba o compasso inteiro. O sinal antes da fração de compasso é a **Clave de Bateria e Percussão**, que deve estar visível sempre que houver pentagrama (ou pauta):

TRILHA 9 → Pausas de mínima. Assim como a mínima, sua pausa também engloba dois tempos no compasso 4/4. Esta trilha também finaliza na cabeça do quinto compasso.

TRILHA 10 → Todas as pausas abordadas até agora. Trilha parando na cabeça do 5º compasso:

Obs: quando as pausas recaírem no segundo e terceiro tempos é necessário que sejam escritas duas pausas de semínimas:

TRILHA 11 → Pausas de colcheias. Essas pausas dão origem ao **Contratempo** (não confundir com **contra-tempo** que é um dos instrumentos da bateria). Contratempo é um toque executado na segunda colcheia do tempo de semínima, com a primeira em pausa, gerando um efeito de deslocamento da acentuação do tempo, que é estabelecida primordialmente **a tempo** (na cabeça).

LEITURA RÍTMICA LINEAR

A leitura rítmica é linear quando as figuras escritas se alternam uma a uma. Devem soar individualmente, sem coincidir com nenhuma outra, configurando a **Coordenação Linear**, que será abordada neste livro. Observe os exemplos abaixo onde **"D"** representa o toque com a mão direita e **"E"** com a esquerda:

Independentemente do **Baquetamento** (combinações de toques) e do **Fraseamento** (distribuição das figuras pelos instrumentos da bateria), os grupos de figuras acima serão tocados sempre linearmente, a não ser que outras figuras ocorram ao mesmo tempo. A simultaneidade de toques configura a **Coordenação Simultânea**. Exemplos:

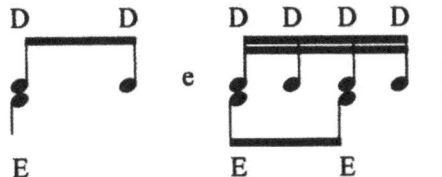

Os exercícios que seguem proporcionarão uma excelente base para que a Leitura Rítmica se desenvolva, o que acontecerá no volume II do **Curso de Divisão Rítmica**.

SÉRIE A - SEMIBREVES, MÍNIMAS E SEMÍNIMAS

Trilhas gravadas em oito compassos. Toque na caixa com o contra-tempo (com o pé) marcando os tempos, simultaneamente com o metrônomo. Só acione o contra-tempo depois de tocar a trilha pelo menos uma vez somente com a caixa.

O sinal no final do quarto compasso chama-se **Ritornello** e indica que a trilha deve ser repetida. A semínima depois do ritornello mostra que o exercício deve ser finalizado na cabeça do nono compasso.

Obs: daqui até o final das trilhas exercite com o CD. Se você não é baterista toque com as mãos diretamente sobre qualquer superfície sonora desconsiderando a marcação dos tempos ou, se preferir, bata com os pés no chão.

SÉRIE B - INCLUINDO COLCHEIAS E SUAS PAUSAS

Trilhas gravadas em oito compassos (as que são finalizadas na cabeça do nono compasso exibem a semínima depois do ritornello). Daqui por diante os **Baquetamentos** estão escritos e devem ser obedecidos. Eles indicam as combinações de direita e esquerda usadas no exercício. Toque na caixa marcando os tempos com o contra-tempo (com o pé) e adote a contagem de compassos. Assim como as trilhas, cada exercício deverá ser executado oito vezes.

Obs: a partir deste ponto a contagem oral não consta mais nas trilhas.

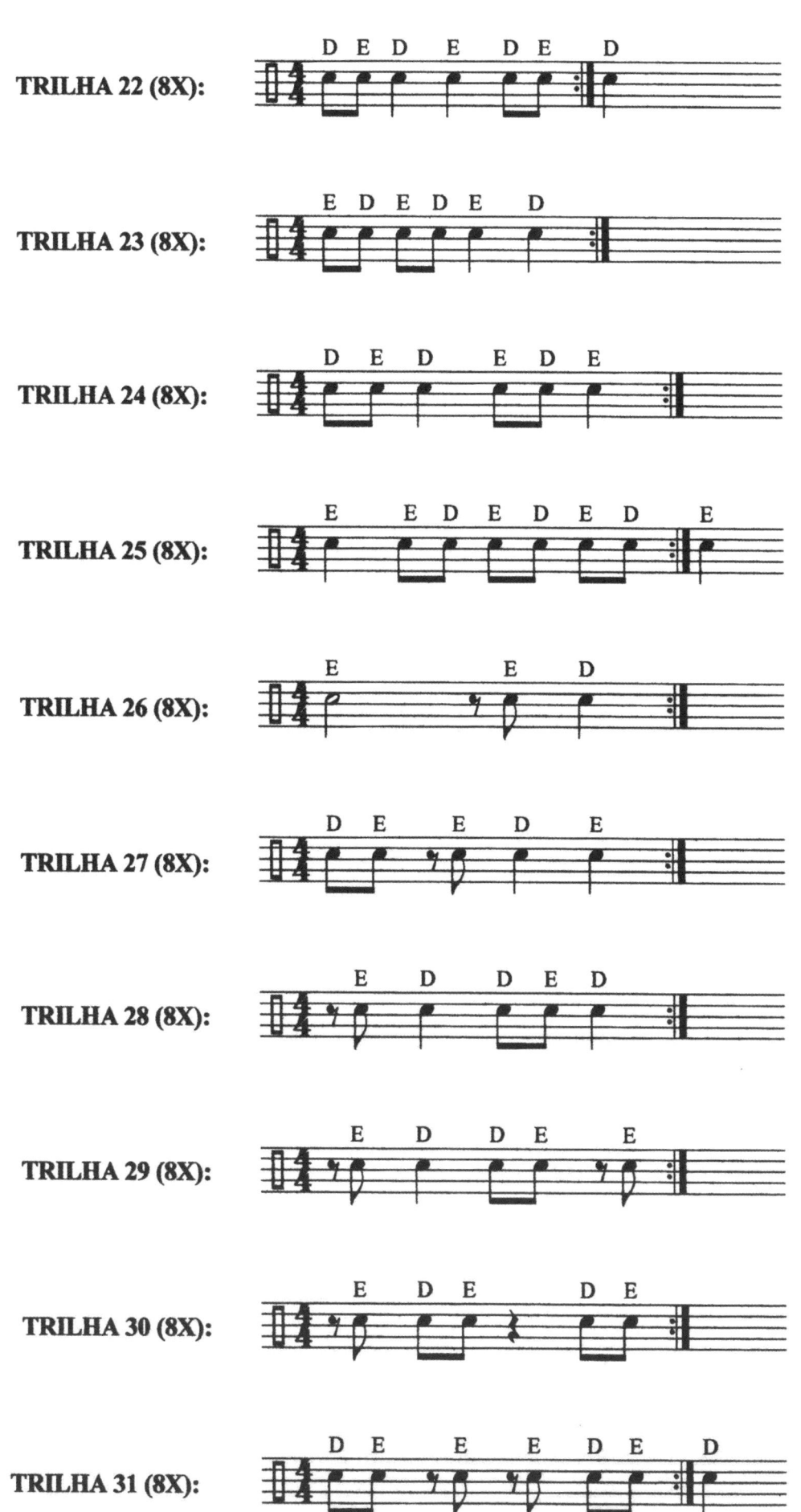

ESCREVA E TOQUE SEUS EXERCÍCIOS

Página reservada para você escrever e praticar outros exercícios seguindo os mesmos padrões das Séries A e B

SÉRIE C - EXERCÍCIOS DE DOIS COMPASSOS

Trilhas gravadas em oito compassos (algumas finalizando na cabeça do nono). Toque na caixa marcando os tempos com o contra-tempo (com o pé).

SÉRIE D - INCLUINDO AS SEMICOLCHEIAS

Trilhas gravadas em oito compassos (algumas terminando na cabeça do nono). Toque na caixa marcando os tempos com o contra-tempo (com o pé).

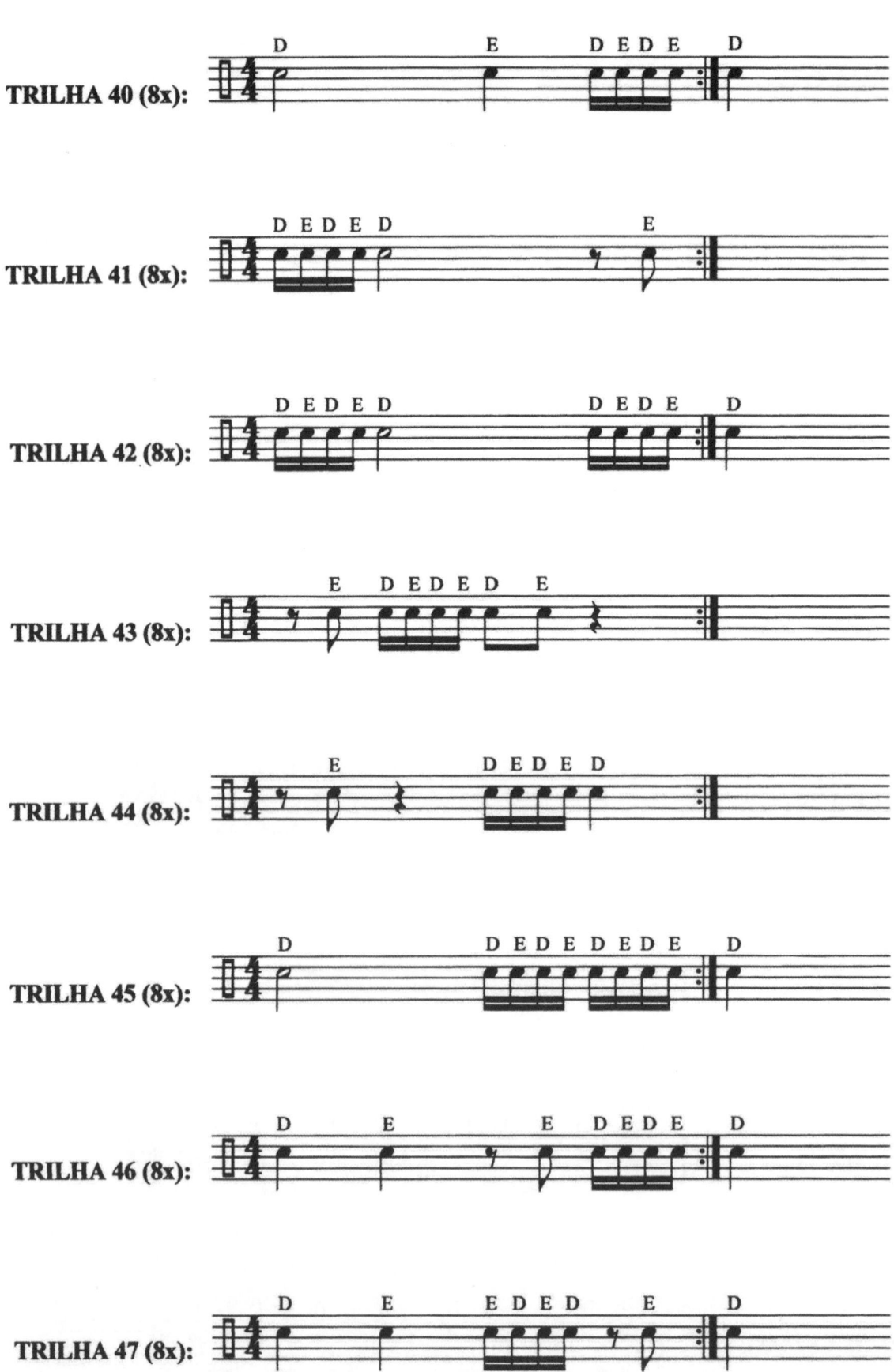

ESCREVA E TOQUE SEUS EXERCÍCIOS

Página reservada para você escrever e praticar outros exercícios seguindo os mesmos padrões das Séries C e D

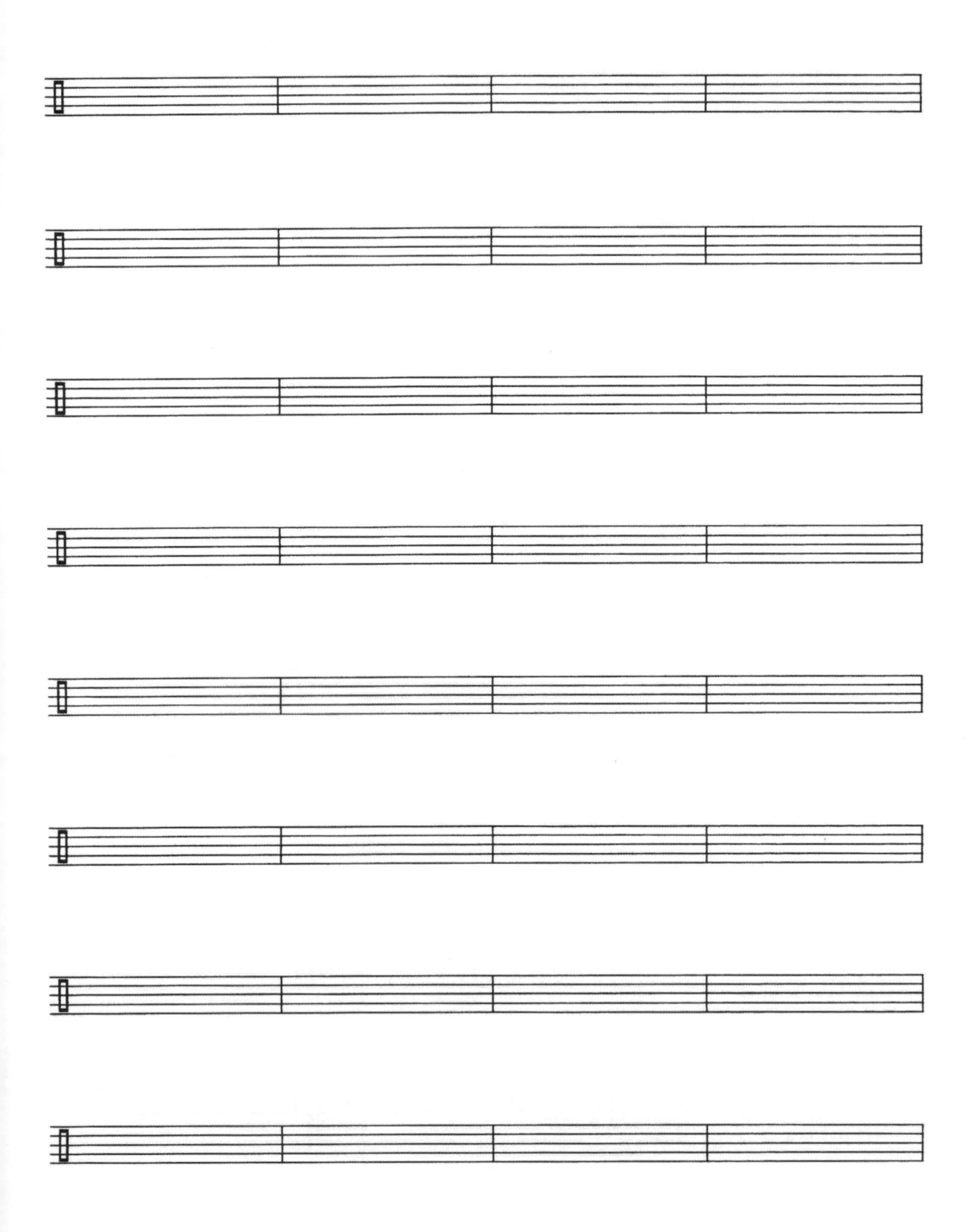

SÉRIE E - DOIS COMPASSOS INCLUINDO SEMICOLCHEIAS

Exceto a trilha 64, as demais estão gravadas em oito compassos, algumas finalizando na cabeça do nono. Toque na caixa marcando os tempos com o contra-tempo (com o pé).

TRILHA 64 (2x) - Progressão de Figuras

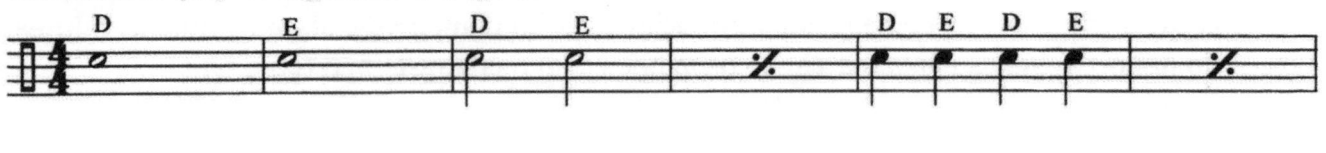

SÉRIE F - EXERCÍCIOS ESCRITOS EM QUATRO COMPASSOS

Trilhas gravadas em oito compassos (duas vezes o exercício). Algumas terminam na cabeça do nono. Toque na caixa marcando os tempos com o contra-tempo (com o pé).

TRILHA 65 (2x):
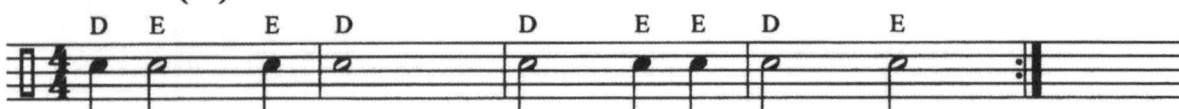

TRILHA 66 (2x):
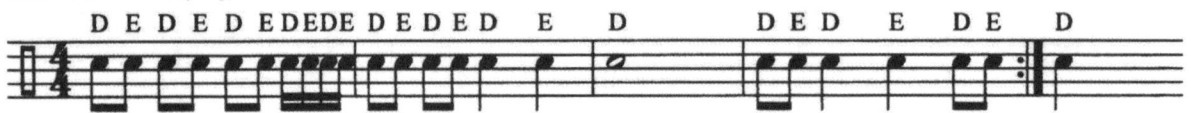

TRILHA 67 (2x):

TRILHA 68 (2x):
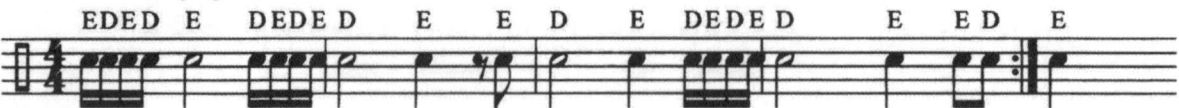

TRILHA 69 (2x):

TRILHA 70 (2x):

TRILHA 71 (2x):

TRILHA 72 (2x):

TRILHA 73 (2x):

TRILHA 74 (2x):

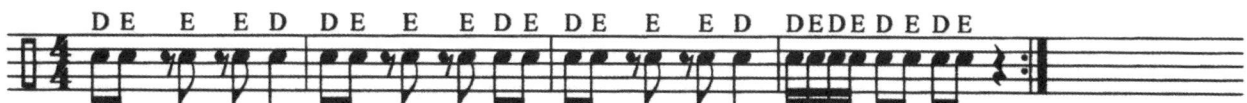

TRILHA 75 (2x):

TRILHA 76 (2x):

ESCREVA E TOQUE SEUS EXERCÍCIOS

Página reservada para você escrever e praticar outros exercícios seguindo os mesmos padrões das Séries E e F

PARTE II
Leitura de viradas

LEITURA DE VIRADAS

Na leitura das viradas o baterista está automaticamente lidando com Fraseamento rítmico que vem a ser o som produzido pelos instrumentos que estão compondo a virada. Nos exercícios que seguem os **Toques Duplos** (DD ou EE) serão eventualmente aplicados para simplificar os movimentos dos braços.

O baterista deve estar preparado para começar a virada com ambas as mãos, seja ele destro ou canhoto. Os exercícios seguem a mesma proposta.

Obs: daqui em diante os exercícios são dedicados exclusivamente aos bateristas, pois demandam um kit completo de bateria. O contra-tempo com o pé deverá ser tocado automaticamente em todos os exercícios, marcando os tempos, e não está escrito na pauta.

CONVENÇÃO DA ESCRITA

Na gravação das trilhas foi usada uma bateria composta de caixa, dois tom-tons, surdo, bumbo, contra-tempo (tocado com o pé) e prato de ataque. A convenção da escrita é a seguinte:

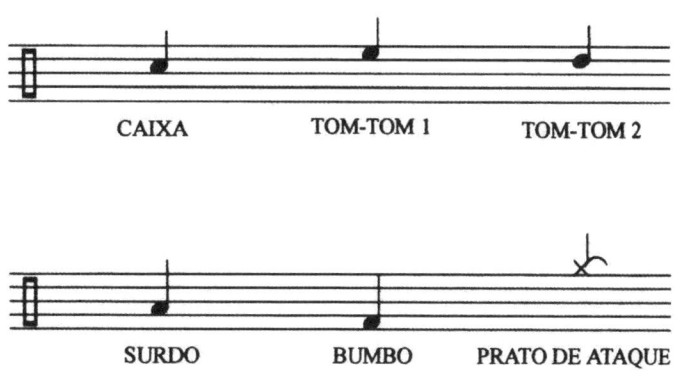

SÉRIE A - VIRADAS EM COLCHEIAS E SEMÍNIMAS

As trilhas estão gravadas em oito compassos **com acompanhamento do contra-tempo com o pé** marcando os tempos. Só o acione depois de mecanizar os movimentos das viradas.

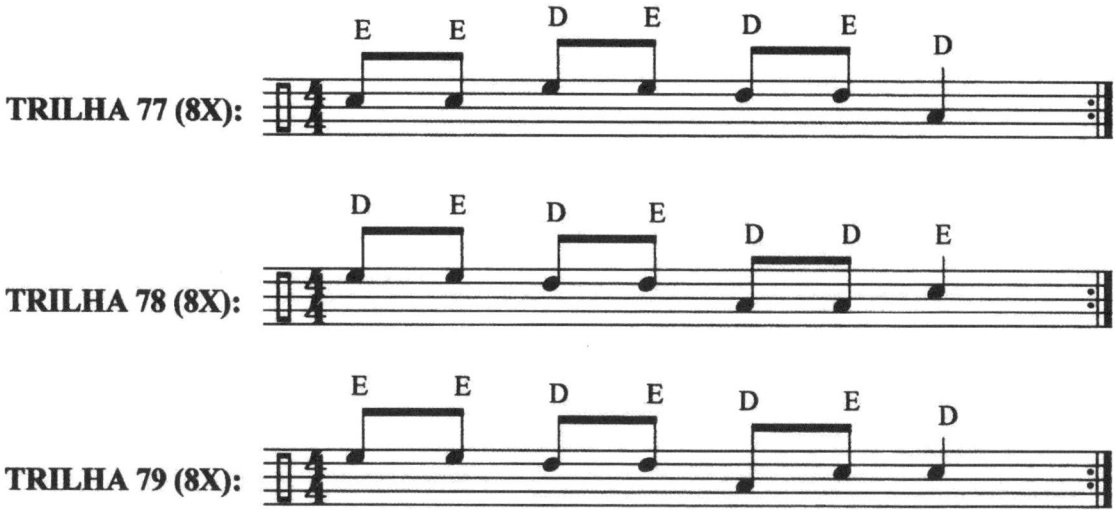

TRILHA 80 (8X):

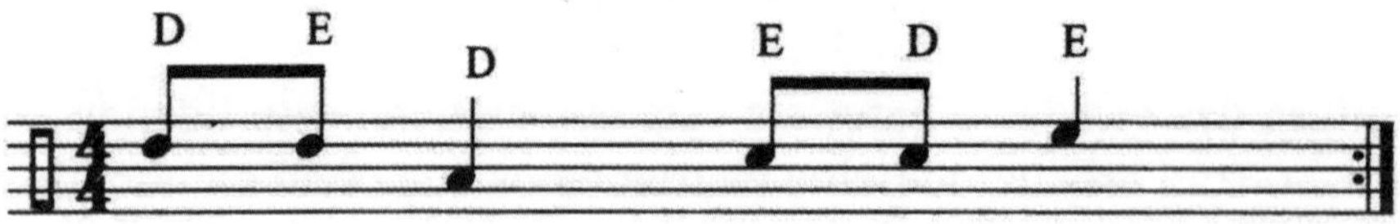

TRILHA 81 (8X):

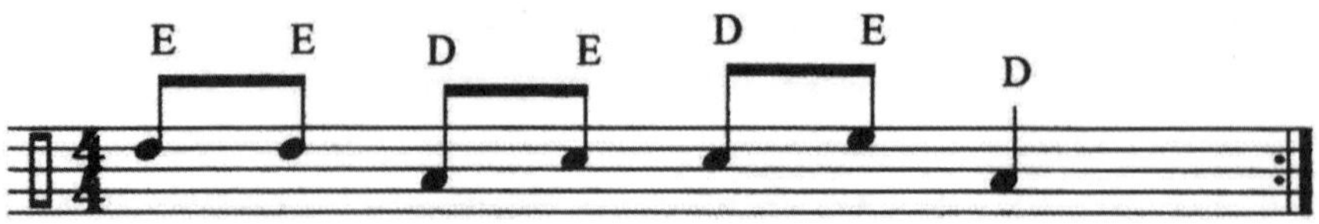

TRILHA 82 (8X):

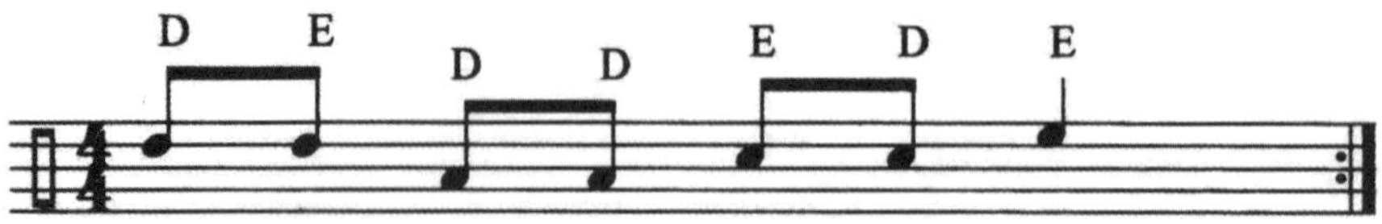

TRILHA 83 (8X):

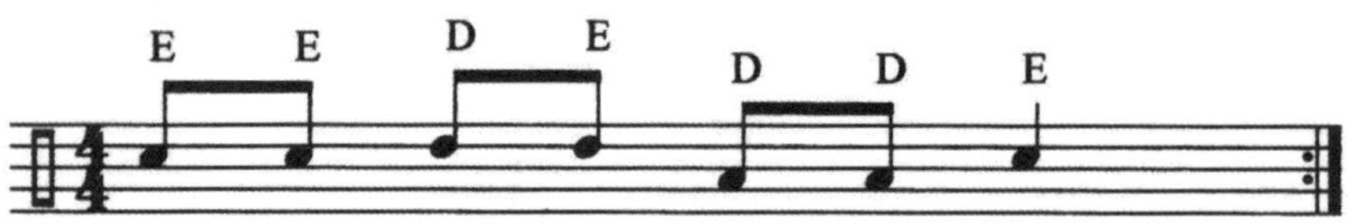

TRILHA 84 (8X):

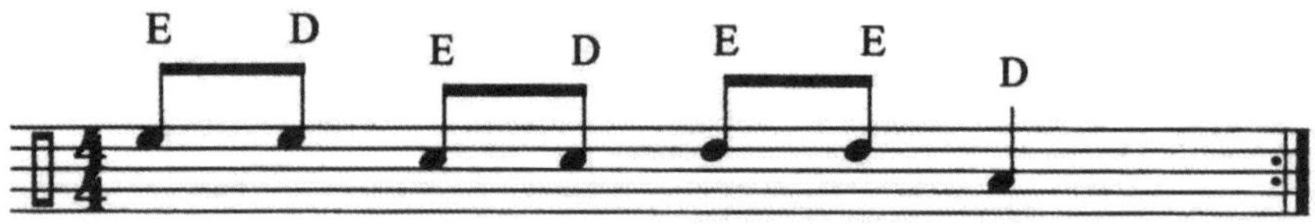

IDÉIA MUSICAL

Os exercícios anteriores podem ser adaptados para o formato **Batida + Virada**, configurando boas idéias para aplicação musical, bastando tocar um ou três compassos de uma batida em 4/4, virando em seguida, com finalização do prato de ataque. Veja exemplo aplicando a virada da Trilha 77:

Exemplo 1 → um compasso de batida + virada:

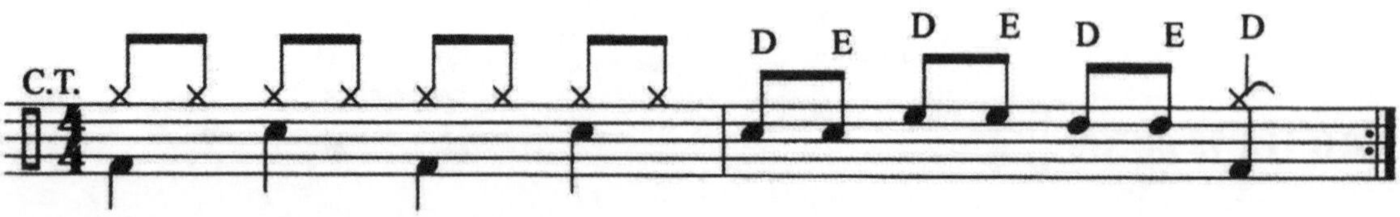

Exemplo 2 → três compassos de batida + virada:

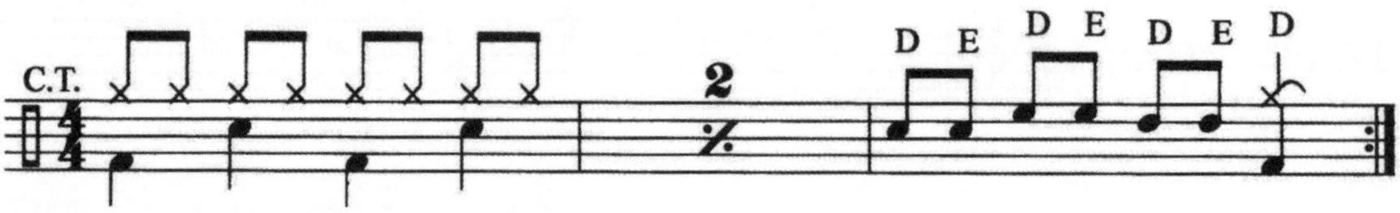

SÉRIE B - VIRADAS COM GRUPOS VARIADOS

As trilhas estão gravadas em oito compassos com acompanhamento do contra-tempo com o pé em semínimas. Só o acione depois de mecanizar os movimentos das viradas.

TRILHA 93 (8x):

TRILHA 94 (8x):

TRILHA 95 (8x):

TRILHA 96 (8x):

TRILHA 97 (8x):

TRILHA 98 (8x):

IDÉIA MUSICAL

Assim como na Série A, os exercícios da Série B também constituem boas idéias de viradas para aplicação musical. Os que terminam em semínimas podem ser finalizados no prato de ataque. Exemplo com a virada da trilha 85:

Os que terminam em colcheia ou semicolcheia com a **esquerda** podem retornar imediatamente à batida (com a direita conduzindo no contra-tempo), sem prato de ataque. Exemplo com a virada da Trilha 88:

Os que terminarem com a **direita** são finalizados com prato de ataque com a **esquerda + bumbo**. Veja exemplo com exercício da Trilha 93, onde a escrita do prato de ataque foi ligeiramente deslocada para cima da pauta para não confundir com a do contra-tempo:

ESCREVA E TOQUE SEUS EXERCÍCIOS

Página reservada para você escrever e praticar outros exercícios seguindo os mesmos padrões das Séries A e B

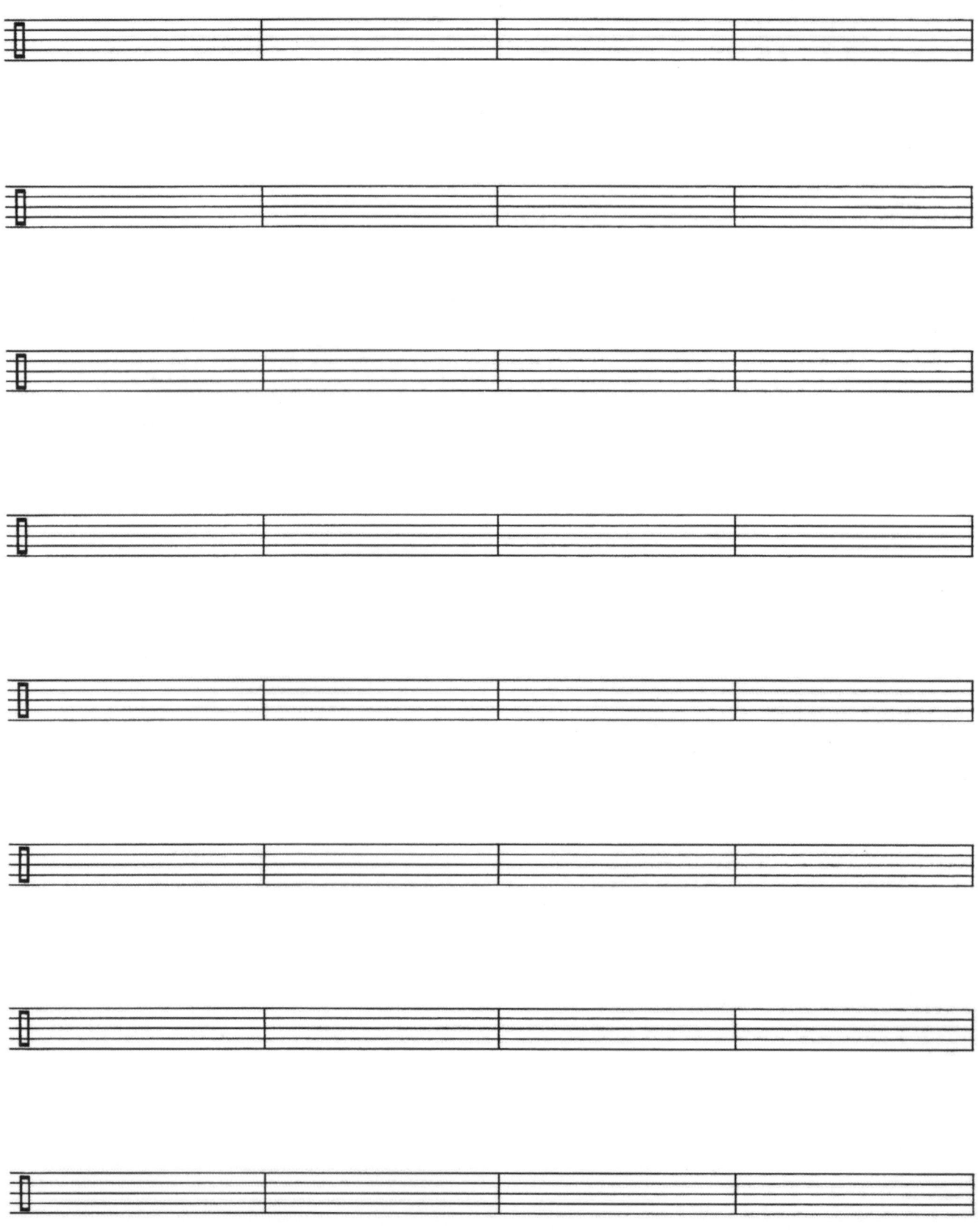